EL MARKETING MIX

Las 4Ps para aumentar sus venta

Por Morgane Kubicki
En colaboración con Carmela Milano
Traducido por Marta Sánchez Hidalgo

Economía y empresa

LAS CLAVES PARA EL ÉXITO

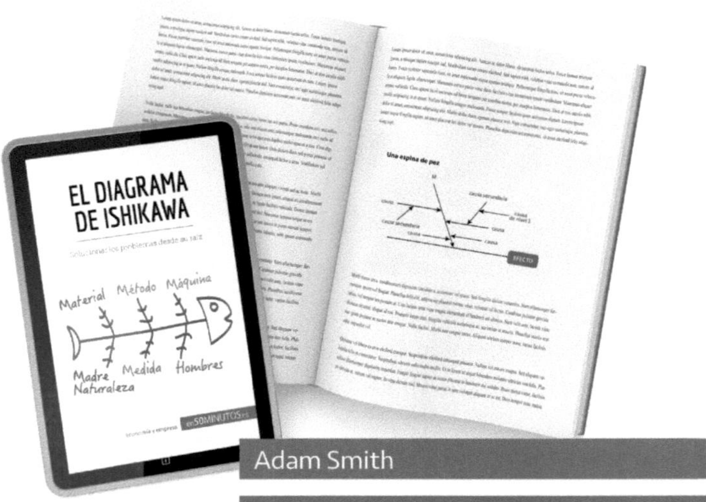

Adam Smith

El principio de Pareto

El estrés laboral

La pirámide de Maslow

EL MARKETING MIX

DATOS CLAVE

- **¿Denominaciones?** Marketing mix, mix marketing, mezcla de mercadotecnia, mercadotecnia política
- **¿Utilidad?** El marketing mix es una herramienta básica para las decisiones de marketing
- **¿Por qué es eficaz?** El modelo recoge en varios puntos todas las herramientas a disposición de los responsables de marketing para tomar decisiones
- **¿Palabras clave?** Producto, precio, lugar, promoción, mercado objetivo

INTRODUCCIÓN

Historia

El término marketing mix apareció por primera vez en la obra *The Concept of Marketing Mix* (1948) del teórico Neil H. Borden (1895-1980), profesor de marketing y publicidad en la Escuela de Negocios de Harvard. Dijo que se inspiró en una investigación de James W. Culliton (1912-2004) que describía el papel del responsable de marketing como un «mezclador de ingredientes» y propone en esta fase una lista de doce elementos del marketing mix industrial. En 1960, el profesor Jerome McCarthy (nacido en 1928) retoma la teoría de Borden y retiene cuatro puntos esenciales, las 4P (producto, precio, posición, promoción) en su obra *Basic Marketing: a Managerial Approach*. La particularidad mnemotécnica de este enfoque contribuye a su éxito y los marketers la utilizan mucho. El marketing mix y las 4P del marketing suelen utilizarse para expresar la misma idea, aunque no sean verdaderos sinónimos. El marketing mix es un concepto que describe las diferentes etapas y decisiones que las empresas o sellos hacen a lo largo del proceso de entrada en el mercado de un producto o servicio; mientras que el modelo de las 4P es una forma –posiblemente la más conocida– de definir el marketing mix.

Definición del modelo

El marketing mix es un concepto de marketing que recoge todas las herramientas a disposición de los marketers para desarrollar acciones eficientes y alcanzar sus objetivos de penetración y de venta en el mercado objetivo.

TEORÍA Y PRESENTACIÓN DEL CONCEPTO

OBJETIVOS DEL MODELO

El marketing mix agrupa todas las decisiones y acciones de marketing tomadas para asegurar el éxito de un producto, un servicio, una marca o de una insignia en su mercado.

Primera etapa decisiva del método marketing: el análisis del mercado. Una vez realizado, el modelo de las 4P puede resultar una herramienta para la toma de decisiones de calidad para los marketers. Además de cubrir los campos de todos los elementos en los que los marketers pueden actuar, este modelo es de uso sencillo. Su denominación particular contribuye igualmente a su éxito. Este sistema de clasificación es uno de los más utilizados en el marketing mix, tanto en los manuales de referencia como en la vida activa.

De forma más general, el modelo del marketing mix puede utilizarse para ayudar a la toma de decisiones en el contexto de una nueva oferta en el mercado y también para probar su propia estrategia de marketing.

CONTEXTO Y TEÓRICOS

El marketing mix aparece cuando observamos un claro aumento del consumo. Durante los Treinta Gloriosos (periodo de gran auge económico, entre el final de la Segunda Guerra Mundial y la primera crisis del petróleo, que experimentaron la mayoría de los países desarrollados, 1946-1973) asistimos a una explosión del consumo en masa. Hasta entonces, el marketing se había contentado con comprender las preferencias y comportamientos del consumidor; con la llegada del marketing mix ya es posible obtener una visión general del lanzamiento al mercado de un producto particular. Aunque se le atribuye esta teoría a McCarthy, que identificó las 4P, éste se inspiró en realidad de la lista trazada por Neil Borden en *The Concept of Marketing Mix*. El profesor reconoce además que le influyeron las investigaciones de su asociado, James Culliton, que describe el papel del responsable de marketing como un «mezclador de ingredientes». Más tarde, Philip Kotler (nacido en 1931), el padre del marketing moderno, retoma el concepto de las 4P y propone una actualización en su obra más conocida llamada *Marketing Management* (con la colaboración de Kevin Keller, Delphine Manceau y Bernard Dubois).

No todos los autores están de acuerdo en la naturaleza de los elementos del marketing mix. Aunque Neil Borden hablara de «procesos», hoy en día se prefieren los términos «parámetros», «herramientas» o «instrumentos».

La lista original de Neil Borden está compuesta de 12 elementos del marketing mix que el marketer debe tener en cuenta:

- el producto;
- el precio;
- la marca;
- los canales de distribución;
- la venta personal (el cara a cara);

- la publicidad;
- las promociones;
- el envoltorio;
- el escaparate;
- el servicio;
- la manipulación física;
- la búsqueda de datos y el análisis.

McCarthy propone agrupar estas variables en cuatro categorías o cuatro palancas de acción:

- el producto;
- el precio;
- la posición;
- la promoción.

Las 4P del marketing mix

Estas listas, compuestas de doce o cuatro elementos, agrupan en realidad todas las herramientas de las que dispone una empresa para influir en sus ventas. Sin embargo, Esta teoría no revela ninguna verdad absoluta y no permite en ningún caso asegurar al 100% la eficiencia de las decisiones. La calidad de la estrategia de marketing establecida reside en la pertinencia y coherencia de los cuatro elementos que componen la teoría del marketing mix, que podría resumirse de esta forma: el producto correcto en el lugar, precio y momento adecuado. Para ello, basta con:

- crear un producto o un servicio que un grupo de personas en particular desee;
- venderlo en un entorno frecuentado regularmente por estos individuos;
- comercializarlo a un precio que corresponda a las expectativas de los clientes;
- hacer que esté disponible cuando éstos lo deseen.

Este enfoque es pertinente, pero no hay que olvidar la carga importante de trabajo que será necesaria para reunir todos los datos necesarios, como los deseos, las expectativas y los comportamientos de los clientes. Todavía hay que determinar cómo producir el bien o servicio, a qué precio y en qué momento comercializarlo para optimizar las ventas. Esta idea supone un conocimiento en profundidad del mercado objetivo, que también hay que definir. Es entonces cuando el análisis del mercado se vuelve un elemento a tener en consideración.

LOS COMPONENTES DEL MODELO

La política del producto

Se dice «producto» a todo lo que constituye una oferta que responde a una necesidad en el mercado, es decir, un producto puede ser un objeto físico o un servicio introducido en el mercado para satisfacer un deseo o una necesidad tras la compra, uso o consumo. La política del producto designa desde entonces la selección de las características relativas a los bienes o servicios propuestos por la empresa, es decir la naturaleza, la calidad, la talla, el diseño, etc. También puede tratarse de decisiones sobre la marca, el embalaje, la etiqueta o la gama.

La política de precios

El precio es la suma de dinero que el consumidor debe gastarse para adquirir el producto. La política de precios comprende las nociones de:

- precio fijo, es decir, el que propondrá la tienda;
- descuentos;
- modalidades de pago;
- condiciones de devolución;
- condiciones de crédito.

Se pregunta por el proceso de fijación de un precio a un producto o por el relativo a la fijación de los precios a una gama. La política de los precios no es inamovible y puede evolucionar en función de las acciones promocionales o según el ciclo de vida del producto. Debe tener en cuenta numerosas contradicciones y variables, tanto del lado del productor como del del consumidor: los costes de devolución, la imagen del producto, los costes de distribución, la elasticidad del precio (es decir, el impacto de un cambio de precio según la demanda de los consumidores), las condiciones de competencia (monopolio, oligopolio, competencia), etc.

La política de distribución

La P de *place* en inglés corresponde a la política de distribución.

Comprende:

- los circuitos de distribución;
- las redes de distribución;
- la variedad;
- las ubicaciones;
- la disponibilidad;
- los transportes;
- la logística.

La empresa tiene el deber de establecer y animar las redes de distribución, también elige sus puntos de venta (sus propias insignias o distribuidores) que se encargarán de presentar el producto, de asegurar su disponibilidad en los estantes, de proponer las promociones o de sugerir consejos a los clientes.

La política de comunicación

La cuarta P, como se traduce del inglés, confunde: hay que

entender *promotion* como «comunicación» y no como «rebaja».

La política de comunicación engloba principalmente:

- la publicidad;
- el marketing directo o en los puntos de venta;
- las relaciones públicas;
- el patrocinio.

Paradójicamente, puede, en cierta medida, implicar una acción en los precios (primas, bonos de descuento o acciones especiales en un tiempo concreto, por ejemplo), pero será una acción de comunicación y no una política de precios.

Interdependencia de estas políticas

El equipo de marketing debe cuidar de que todas las decisiones se tomen en función de los intermediarios de distribución y de los clientes finales, mientras que, por su lado, el responsable de marketing se encarga de ver las necesidades y expectativas de sus clientes y de proponerles una oferta o solución. Informa a sus clientes y elige un precio de acuerdo con el valor que perciben del producto. Luego tiene que determinar los puntos de venta para distribuir el producto.

Para las cuatro políticas, todas las decisiones deben tomarse en función de los consumidores objetivo y del posicionamiento que la empresa ha querido adoptar, pero también deben tener en cuenta otros dominios porque, por separado, no tienen ningún interés. De hecho, el poder del marketing mix es combinar todos los elementos puestos a disposición del marketer.

La pareja producto-precio, aunque sea esencial, no es la más importante. Todos los elementos del marketing mix influyen sobre los otros. Por ejemplo, el precio debe considerar numerosas variables y, sobre todo, otras P: de la marca, de la red de distribución y de la comunicación. La comunicación o distribución pueden así influir en el precio de venta. Desde 1979, Paul Faris y David Reibstein estudian las relaciones entre las diferentes variables para determinar su influencia. De esta forma, una marca de calidad estándar, mediante un gran apoyo publicitario, puede incrementar con más facilidad el precio de sus productos. La distribución también tiene una influencia fundamental en la política de precios. Por ejemplo, una empresa no puede fijar sus precios sin saber si el producto lo distribuirá directamente la marca o un intermediario, que también puede ser un pequeño distribuidor o formar parte de la gran distribución. Estas decisiones tienen un impacto indirecto en los costes de distribución, que son una variable básica de la política de precios. En resumen, estas variables son interdependientes.

LÍMITES DEL MODELO Y EXTENSIONES

LÍMITES Y CRÍTICAS DEL MODELO

Una gestión eficaz del marketing mix otorga valor a la empresa ante los ojos de su clientela. La condición inherente es conocer su objetivo y definir el posicionamiento de su marca en el mercado. La planificación estratégica consiste en gestionar todos estos datos con los elementos del marketing mix. Establecer un modelo utilizando los principios de esta teoría no basta si no se ha realizado previamente un estudio del mercado objetivo.

La mayoría de las críticas del modelo tratan de las 4P y no del marketing mix como tal. Éste, en su amplia definición, se compone de «herramientas de marketing operacionales» que permiten a la empresa enfocar su mercado para percibir los efectos esperados (Kotler *et al.* 2009, 29). No podemos criticar verdaderamente el marketing mix en sí mismo, sino la forma de abordarlo.

Los autores que han criticado las 4P proponen en general mejorar este sistema de clasificación. Michel Chevalier y Pierre Louis Dubois en *Les 100 mots du marketing*, plantean la idea de que las 4P no tienen en cuenta la marca del producto, que es una unión entre la política del producto y la política de comunicación. Sin embargo, en el modelo presentado por McCarthy y retomado por Kotler, el nombre de la marca forma parte de la política del producto. Michel Chevalier y Pierre Louis Dubois afirman de igual modo que, aunque el marketing mix tiene que tener en cuenta las 4P simultáneamente, las diferentes políticas sopesadas casi nunca las gestiona la misma persona. El modelo del marketing mix se presenta como un todo, lo que hace creer que una sola y única persona o equipo toma todas las decisiones. Sin embargo, los elementos que lo componen forman parte a menudo de diferentes sectores de la empresa. De esta forma, la política del producto puede competer a un director general o a un servicio de innovación, mientras que la política de comunicación la gestiona el servicio de comunicación.

Finalmente, hay que tener presente que el marketing mix solo es una herramienta general para ayudar a tomar decisiones. Si profundizamos en cada política, hay que dominar otros conceptos más específicos. Por ejemplo, la política de los precios necesita conocimientos más profundos de conceptos como la tasa de rentabilidad o el valor percibido.

MODELOS CONEXOS

Las 7P

Para paliar las faltas del modelo de las 4P, algunos autores aconsejan añadir nuevos datos. El modelo más conocido es el de las 7P (1981) de Bernard H. Booms y Mary Jo Bitner, que completa las 4P definidas por McCarthy añadiendo la persona, el proceso y el soporte físico.

El modelo de las 7P

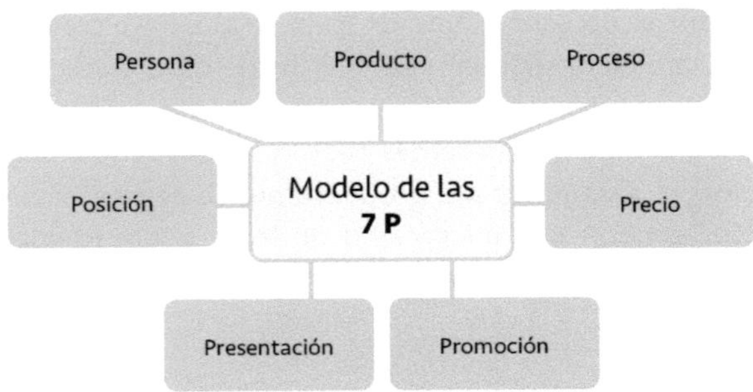

- La persona, en el sentido de las 7P, no representa el cliente de la empresa, sino el miembro de su personal que establece las estrategias del marketing. Su influencia es importante puesto que entran en contacto con los clientes potenciales. La reputación e imagen de la empresa están en sus manos y pasan a través de sus rostros. Las «personas» constituyen uno de los elementos raros del marketing mix con el que los clientes pueden interactuar.
- El proceso hace referencia a la forma en la que el marketer proporciona un servicio de atención al cliente eficaz y pertinente. Puede tratarse de un servicio de posventa, de asesoramiento, de horarios de apertura o del reparto a domicilio. Es una forma de conseguir una fidelidad a la marca.
- La presentación se relaciona con los componentes materiales de la tienda, como el escaparate o la organización de los pasillos para productos tangibles.

Podemos criticar la contribución conceptual de estas tres P suplementarias puesto que las ideas que representan pueden incluirse en las 4P originales de McCarthy. De hecho, el «proceso», en el amplio sentido de la palabra, está vinculado con el concepto del producto. La «persona» está vinculada con el producto y la promoción. La «presentación» está comprendida, al menos en parte, en la promoción.

La S

Se proponen otras P:

- Philip Kotler en *Principles of Marketing* (1986) sugiere añadir el poder político y la opinión pública;
- Claudio Vignali y B. J. Davies en *The Marketing Mix Redefined and Mapped: Introducing the MIXMAP Model* (1994) proponen añadir una S de «servicio».

Los sectores añadidos al modelo básico permiten a menudo mejorar el marketing mix en el sector de los servicios. Según las enseñanzas, también evocamos el «posicionamiento», el «packaging» (embalaje), la «participación» o la «personalización», aparecidos principalmente con las técnicas del web 2.0 y del marketing 2.0.

Las 4C

Un modelo paralelo a las 4P, denominado las 4C, nació también para responder a una de las principales críticas del modelo de McCarthy: el punto de vista orientado del marketer en detrimento del comprador. Las 4C de Robert F. Lauterborn, construidas a partir de las 4P y modelizadas en *New Marketing Litany: Four Ps Passe, C-Words Take Over*

(1990), están enfocadas más en el cliente que en el producto. Este modelo cobra sentido si consideramos que el objetivo del marketing es satisfacer las necesidades del consumidor.

Las 4C son:

- el consumidor. La política de producto es la solución que se le ofrece al consumidor. Hay que ofrecer al cliente lo que busca realmente y, para ello, estudiar sus comportamientos de compra.
- el coste. La política de precios se convierte en el coste para el consumidor. El precio en realidad es solamente una parte del coste que el cliente está dispuesto a pagar. El coste comprende el precio de compra, el precio de la obtención, del uso y del abandono de un producto, así como el coste de los complementos.
- la comunicación. La traducción del modelo inglés llevaba un poco a la confusión y se ha corregido. Ahora hablamos de comunicación pura, que es más cooperativa y que tiende a crear un diálogo entre la empresa y el cliente potencial. El objetivo es que la comunicación no provenga solo de la empresa, sino que se desarrolle también en contacto con los consumidores.
- la comodidad de acceso. En lugar de establecer estrategias de distribución, el marketer se pone en el lugar del cliente para comprender cuáles son las comodidades de acceso que le permitirán adquirir el producto. Con la llegada y el éxito de Internet, pensar en este componente es cada vez más importante.

APLICACIÓN DEL CONCEPTO

CONSEJOS Y BUENAS PRÁCTICAS

El marketing mix puede ayudar a tomar decisiones en el contexto de una nueva oferta en el mercado o para probar una oferta existente. No hay ni que decir que hay que empezar por identificar el objeto que queremos analizar, sea un producto, un servicio o una marca por ejemplo.

Antes de idear o de analizar la estrategia marketing basada en las 4P o en un modelo conexo, la empresa debe definir su mercado objetivo. Para ello, tiene que realizar un estudio de mercado, que le permitirá comprender mejor las expectativas de los consumidores y posicionarse en consecuencia.

Por otro lado, es necesario realizar un diagnóstico interno y externo de la empresa para determinar la segmentación del mercado (división del mercado en grupos de consumidores homogéneos en función de sus necesidades, de sus características o de sus comportamientos).

La empresa entra en uno o varios segmentos del mercado y elige un marketing determinado (una selección de segmentos en función del interés estratégico que éstos representan para la empresa).

Cuando se determina el marketing, puede definir su posicionamiento, es decir, situar su producto con relación a los competidores.

Cabe destacar que los consumidores están en el centro del

proceso de marketing. Por esta razón se suele preferir el modelo de las 4C al de las 4P, aunque en ellos simplemente las variables se abordan desde otro punto de vista.

Para establecer su estrategia de marketing mix, la empresa tiene que responder a una serie de preguntas de cada elemento del modelo.

Determinar los atributos del producto/servicio

La primera etapa consiste en determinar los atributos del producto o del servicio. Para ello, hay que preguntarse lo siguiente:

- ¿Qué espera el consumidor del producto o del servicio?
- ¿Cuáles son los atributos necesarios del producto para responder a estas expectativas?
- ¿Cómo y en qué contexto utilizará el consumidor el producto?
- ¿Cómo se presenta el producto? Esta pregunta incluye el propio aspecto del producto y el del embalaje.
- ¿Qué nombre y marca darle al producto?
- ¿En qué aspecto es distinto el producto del de los competidores?
- ¿Cuál es el precio de coste máximo del producto para que su venta sea rentable?

A lo largo de esta primera etapa, las preguntas sobre el producto coinciden con las que hay que plantearse cuando se aborda la política de precios.

Determinar la política de precios

El precio se puede fijar en función de los costes o en función del valor percibido del producto. Poco importa el enfoque elegido, tiene que poder responder a las siguientes preguntas:

- ¿Cuál es el valor del producto para el consumidor?
- ¿Hay un precio básico para este producto? ¿Dónde se posiciona el precio con relación al de sus competidores?
- ¿Es importante la elasticidad del precio? ¿Una disminución del precio podrá aumentar la cuota de mercado? Y, al contrario, ¿un aumento podrá generar más beneficios?

Determinar los modos de comunicación

En cuanto a la comunicación, no sólo se trata de escoger un enfoque. Las herramientas a disposición del marketer son tan numerosas que un departamento particular dedicado a la comunicación suele encargarse de encontrar la mejor forma de alcanzar al público objetivo ya identificado. Es indispensable conocer bien su finalidad y el tipo de reacción esperada antes de establecer una estrategia para poder escoger los medios de comunicación adaptados. La mayor parte de los gastos destinados a la comunicación están destinados a la publicidad. Puede tratarse de campañas de:

- prensa (general o especializada);
- exhibición;
- televisión;
- radio;
- cine;

- comunicación por Internet.

Cabe recordar que si la promoción de las ventas guarda una relación con la política de precios (pruebas, primas, concursos, bonos de descuento, etc.), sigue siendo una acción de la política de comunicación.

Aumentemos la lista anterior con otras herramientas como:

- las relaciones públicas;
- el marketing directo e interactivo (que utiliza la personalización y la interactividad);
- el marketing viral (que suele aplicarse a través de Internet);
- la venta (que incita a un intercambio interpersonal entre la marca y el cliente).

Conviene preguntarse lo siguiente:

- ¿Cuáles son los medios más pertinentes para llegar a mi público objetivo?
- ¿Cuándo es mejor que haga mi promoción? ¿Mi mercado es temporal?
- ¿Cuáles son las acciones de comunicación emprendidas por mi competencia? ¿Influye la elección de mis acciones?

Determinar los lugares de distribución

Para la posición, la estrategia de distribución debe determinarse en acuerdo con los otros elementos del marketing mix. El posicionamiento del producto/servicio elegido previamente influirá inevitablemente en la decisión del modo de distribución de éste.

La promoción y la posición interactúan de igual forma si la empresa ha escogido adoptar una estrategia *push* (basándose en la fuerza de venta y en la red de distribución) o una estrategia *pull* (fundada en la comunicación al consumidor y en particular en la publicidad) en su política de distribución.

¿SABÍAS QUE...? ESTRATEGIAS *PUSH* VS. *PULL*

La estrategia de distribución *push* consiste en llevar el producto al consumidor. La empresa utiliza su fuerza de ventas y su política de distribución para empujar al cliente a elegir su producto. La compra compulsiva es un buen ejemplo de esto.

Al contrario, la estrategia *pull* consiste en atraer al consumidor hacia el producto. Utilizamos generalmente la comunicación y la publicidad para provocar en el cliente la necesidad de adquirir este producto.

El propio producto influirá en las elecciones: ¿es una compra rutinaria o excepcional? ¿Es un producto básico o de lujo? Todas las variables determinadas previamente entran en consideración cuando están influenciadas por la política de distribución. Por ejemplo, desarrollar su propia red de distribución influirá en el precio y la comunicación. El marketer debe poder responder a un cierto número de preguntas:

- ¿Dónde buscarán los clientes potenciales para adquirir el

producto?

- ¿Los clientes comprarán con más facilidad este producto en un gran almacén, en una tienda especializada, en línea o por correspondencia?
- ¿La red de distribución es de fácil acceso para los clientes?
- ¿Es necesario gestionar su propia fuerza de ventas?
- ¿Qué hace la competencia? ¿Cómo adaptar su modelo o diferenciarlo?

ESTUDIO DE CASO

En este estudio de caso, presentaremos dos empresas que se han apoyado en la estrategia del marketing mix de McCarthy. El primer caso, dedicado a la cadena alemana de tiendas Aldi está extraído de *The Times 100, Business Case Studies* y demuestra cómo, en un sector muy competitivo, un producto que no es necesariamente innovador, puede imponerse y crear valor gracias a una estrategia eficiente de los otros elementos del marketing mix.

El segundo caso procede de una entrevista entre Alain Afflelou, Étienne Gless y Dominique Michel (2006) y de un artículo de Baptiste Diebold (2006). Este análisis destaca la poderosa estrategia de marketing creada por Afflelou, que innova en todos los campos del marketing mix.

Aldi: generar valor para el marketing mix

Desde su fundación en 1913, Aldi ha conseguido imponerse como uno de los grandes distribuidores europeos. Su objetivo inicial era el siguiente: proporcionar a los consumidores productos que compran regularmente, comercializados bajo la marca propia de Aldi a precios competitivos. En la estrategia de marketing de esta empresa, los diferentes elementos del marketing están en consonancia. La innovación no trata del producto, sino de la forma en que las 4P están dispuestas a crear una estrategia real de marketing mix.

Aldi, que intenta proporcionar una gran variedad de productos de calidad estándar, distribuye con su propia marca. La primera P en el centro de la estrategia de la empresa es el precio. Para poder ofrecer un producto menos caro que el de la competencia, la empresa basa su política en la optimización de los costes y adapta las políticas de las otras P en función de este objetivo.

Los productos se compran en gran cantidad y se gasta poco dinero en mostrarlos (embalaje, marca, condicionamiento, etc.).

A nivel de la distribución, la empresa intenta reducir de nuevo los costes limitando los gastos de las estanterías y de distribución de los puntos de venta. En lo que respecta a la localización de las tiendas, se tienen en cuenta cuatro criterios:

- el número de personas que visitan o viven en la zona;
- la escasa competencia. Aldi se sitúa en general en la periferia del centro de la ciudad y en lugares en los que consigue una buena visibilidad desde la carretera principal, con un mínimo de competencia alrededor;
- la accesibilidad de la tienda, generalmente mediante transporte público;
- un número suficiente de plazas de parking.

La comunicación de la empresa se centra en la fidelización de los clientes y refuerza el mensaje de su política de precios y de productos: los productos Aldi tienen la misma calidad que los de las grandes marcas, pero son menos caros. Se reparten folletos de publicidad en las tiendas para incitar a los clientes a volver. Aparte de los medios, la empresa se ocupa también de las relaciones públicas, de una lista de mailing, de la gestión de las redes sociales, de acciones que permiten destacar sus productos por una fuente externa a la empresa. Para ello, Aldi participa en muchos concursos de los mejores productos del año. Ganar estos concursos le permite aumentar su visibilidad, pero también su credibilidad puesto que una tercera parte, neutra, habrá determinado que su producto es el mejor.

Aldi tiene una cercanía a la venta al por menor que le da ventaja en un mercado muy competitivo. El equilibrio que encuentra gracias al marketing mix le permite proponer productos de buena calidad a un precio lo más bajo posible. Su política de comunicación le permite mejorar la imagen de sus productos insistiendo en su precio. Finalmente, su política de posición le permite que sus gastos de distribución no aumenten. Aunque no se haya hecho ninguna innovación mayor en el precio, producto, posición o promoción, la adecuación entre estas cuatro políticas permite a Aldi encajar en el mercado.

Afflelou: un éxito basado en la innovación de los diferentes elementos del mix

Alain Afflelou abre su primera tienda en 1970 en Burdeos. Desde 1984 la cadena cuenta ya con cerca de una centena de franquicias. En 2012, la insignia posee 722 tiendas en Francia y más de 1 000 en total. El éxito reside en el hecho de que la marca ha conseguido innovar en todos los dominios del marketing mix.

- El producto. Afflelou siempre ha propuesto innovaciones en las gafas y cristales mediante, por ejemplo, cristales casi indestructibles. Para los clientes de más de 40 años, la marca lanzó los «Forty», un pack de cuatro pares de gafas para ver de cerca. Estos productos no parecen revolucionarios, pero la marca ha sido la primera en proponerlos.
- El precio. Afflelou es la primera insignia que ofrece gafas a precio de saldo, principalmente con la oferta «Tchin Tchin», en la que se puede obtener el segundo par por un euro más. La pareja precio y producto podría bastar, pero la estrategia de marketing mix completa asegura a la empresa una verdadera posición dominante en el mercado.
- La posición. La marca también ha innovado en el dominio de la distribución. Posee su propia red de distribución y sus tiendas son las primeras que han ofrecido las monturas de libre acceso.
- La promoción (comunicación). La marca concede un presupuesto importante al departamento a cargo de la promoción –ciertamente uno de los más importantes del sector– y recurre al patrocinio (socio del torneo de tenis del Roland Garros y del club de fútbol París Saint-Germain).

La empresa Afflelou ha establecido de este modo una estrategia innovadora en todos los elementos del marketing mix, velando por la coherencia entre unos y otros.

Conclusión

El caso de Aldi y de Afflelou son muy distintos. Para el primero, el éxito de la estrategia reposa en la coherencia de las cuatro políticas. Para el segundo, se trata de innovar en todas las áreas del marketing mix. Más allá del hecho de que el marketing mix proporcione herramientas que permiten a una empresa alcanzar sus objetivos, este modelo empuja a los marketers a reflexionar sobre toda la estrategia de marketing.

EN RESUMEN

- El marketing mix pone a disposición del marketer un conjunto de herramientas que le permitirán tomar decisiones en relación con el mercado definido.
- Objetivo: el marketing mix se utiliza para el lanzamiento de un producto nuevo en el mercado o para probar su propia estrategia de marketing.
- Las 4P: propuestas por McCarthy en 1960, este modelo agrupa las herramientas del marketing mix en cuatro categorías: el producto, el precio, la posición (distribución) y la promoción (comunicación).
- Teóricos: Neil Borden, que expuso el concepto de marketing mix (1948), luego McCarthy que desarrolló el concepto de las 4P (1960).
- Contexto: el marketing mix aparece en el contexto del auge del consumo en masa.
- Componentes: el producto, el precio, la posición, la promoción.
- Ventajas: el marketing mix retoma en varios puntos todas las herramientas a disposición de los responsables de marketing para tomar decisiones.
- Límites: el marketing mix es un acercamiento global de la estrategia de marketing, pero también se tienen que dominar otras herramientas cuando queremos trabajar la estrategia en profundidad. Las decisiones que atañen a las diferentes políticas suelen ser el hecho de muchas personas o servicios y esto hace difícil la cohesión de las 4P.
- Extensiones: a menudo añadimos 3P (persona, proceso y

presentación) a las cuatro de McCarthy para completar el modelo. Las 4C (consumidor, coste, comunicación, comodidad de acceso) son otra variante del concepto que se centra en el cliente.

- Consejo: antes de tomar decisiones sobre las 4P, la empresa debe estar segura de conocer bien el mercado objetivo en el que se inserta o quiere insertarse.

¡Tu opinión nos interesa!
¡Deja un comentario en la página web de tu librería en línea,
y comparte tus favoritos en las redes sociales!

PARA IR MÁS ALLÁ

FUENTES BIBLIOGRÁFICAS

- Armstrong, Gary y Philip Kotler. 2007. *Principes de marketing*, 8.ª edición. París: Pearson Education.
- Booms, Bernard y Mary Bitner. 1981. "Marketing Strategies and Organisation Structure for Service Firms". En *Marketing of Services*. Editado por James H. Donnelly y William R. George. Chicago: American Marketing Association.
- Borden, Neil. 1964. "The concept of marketing mix". *Journal of Advertising Research*, junio, 2-7.
- Bulte, Christophe y Walter Waterschoot. 1992. "The 4 P Classification of the Marketing Mix Revisited". *Journal of Marketing*, octubre, 83-93.
- Byrne, K. 2004. "Managing your marketing mix". *Chartered Accountants Journal*, vol. 83, n.°1, 57-58.
- Chevalier, Michel y Pierre Louis Dubois. 2009. *Les 100 mots du marketing*. París: PUF. colección *Que sais-je?*
- "Creating value through the marketing mix, an Aldi case study". *The Time 100 Case studies*. Consultado el 22 de mayo de 2014. http://businesscasestudies.co.uk/aldi/creating-value-through-the-marketing-mix/introduction.html#axzz2kQINUonphttp://businesscasestudies.co.uk/aldi/creating-value-through-the-marketing-mix/introduction.html
- Demos Éditions, ed. 2012. *Le marketing mix ou mix marketing, de la stratégie à l'opérationnel*. París: Demos, colección *Succès en poche*.
- Diebold, Baptiste. 2006. "*Afflelou* entrevoit la vie sans

Alain". *Challenges*, n.° 29. 30 de marzo.
- Entrevista entre Alain Afflelou, Étienne Gless y Dominique Michel. 2006. *L'Entreprise*, n.° 249. Octubre.
- Faris, Paul y David J. Reibstein. 1979. "How prices, Expenditures, and Profits are Linked". *Harvard Business Review*. Noviembre. Consultado el 30 de noviembre de 2016. https://hbr.org/1979/11/how-prices-ad-expenditures-and-profits-are-linked
- Kotler, Philip, Kevin Keller, Delphine Manceau y Bernard Dubois. 2009. *Marketing Management*, 13.ª edición. París: Pearson Education.
- Kotler, Philip. 1986. *Principles of Marketing*, 3.ª edición. Upper Saddle River: Prentice Hall.
- Lauterborn, Robert. 1990. "New Marketing Litany: Four Ps Passe, C-Words Take Over". *Advertising Age*, vol. 61, n.° 41.
- Magrath, Allan J. 1986. "When Marketing Services, 4Ps are not Enough". *Business Horizons*, vol. 29, n.° 3, 45-50.
- Maillet, Thierry. 2010. *Le Marketing et son histoire ou le Mythe de Sisyphe réinventé*. París: Pocket, colección *Agora*.
- McCarthy, Jérôme E. 1960. *Basic Marketing: A Managerial Approach*. Homewood: R. D. Irwin.
- Página web de Afflelou. Consultada el 22 de mayo de 2014. http://www.alainafflelouoptico.es
- Pariot, Yves. 2011. *Les Outils du marketing stratégique et opérationnel*, 2.ª edición. París: Eyrolles.

www.en50Minutos.es

ISBN ebook: 9782806276551

ISBN papel: 9782806285584

Depósito legal: D/2016/12603/494

Libro realizado por <u>Primento</u>, *el socio digital de los editores*